NOTICE BIOGRAPHIQUE

SUR LE

DOCTEUR LÉTIÉVANT

Major de l'Hôtel-Dieu de Lyon

Extrait du Discours prononcé à l'Assemblée générale de la
Société médicale de l'Ain, le 21 août 1884, à Culoz

Par le Docteur MANJOT, de Belley

BOURG
IMPRIMERIE J.-M. VILLEFRANCHE
1, Place d'Armes, 1

1884

NOTICE BIOGRAPHIQUE

SUR LE

DOCTEUR LÉTIÉVANT

NOTICE BIOGRAPHIQUE

SUR LE

DOCTEUR LÉTIÉVANT

Major de l'Hôtel-Dieu de Lyon

Extrait du Discours prononcé à l'Assemblée générale de la
Société médicale de l'Ain, le 21 août 1884, à Culoz

Par le Docteur MANJOT, de Belley

BOURG
IMPRIMERIE J.-M. VILLEFRANCHE
1, Place d'Armes, 1

1884

NOTICE BIOGRAPHIQUE

sur le

DOCTEUR LÉTIÉVANT

Major de l'Hôtel-Dieu de Lyon

Messieurs,

....

Celui de nos morts dont il me reste à vous entretenir, fut un de mes plus anciens et meilleurs amis. Ce n'est donc pas sans un douloureux serrement de cœur que je me résous à ce triste devoir..... Et cependant, je l'avoue, je trouve, à parler de lui, le charme consolant qui s'attache au souvenir de ce que nous avons aimé. Il me semble qu'en évoquant son image, je vais le faire revivre et reparaitre au milieu de nous, où il aimait tant à se trouver et où il occupait une si grande place. Mais, hélas! mes désirs ne pourront donner un corps à cette illusion !!!

Né à Marboz (Ain), le 29 août 1830, d'un modeste commerçant, Jean-Joseph-Emile Létiévant passa sa première enfance au village, où il suivit avec la jeunesse de son âge, les enseignements de l'Ecole primaire.

Il aimait à rappeler qu'alors l'étude avait pour lui moins d'attraits qu'elle n'en eut plus tard. Souvent il lui arriva, lorsque l'horloge en sonnait l'heure, de se cacher dans un coin de la maison paternelle, pour reprendre ensuite ses jeux; car, à ce moment, ses préférences étaient encore pour l'école buissonnière.

Sa mère désirait qu'il se fît prêtre ou militaire. « Si tu te fais soldat, lui disait-elle, tu deviendras général. » Peut-être ce merveilleux instinct du cœur des mères lui faisait-il pressentir qu'il s'élèverait au-dessus du milieu ordinaire...

Pour se préparer à ces vues ambitieuses, il fut mis au collège de Bourg, où il ne resta que peu de temps. C'est au Petit-Séminaire de Meximieux qu'il fit la majeure partie de ses études; mais cette maison d'éducation manquant alors des classes supérieures, il vint à Belley faire ses deux années de philosophie et de mathématiques. C'est là que commencèrent entre nous ces premières relations que la mort seule devait briser.

Ses études terminées, il hésita quelque temps dans le choix d'une carrière.

Bachelier ès-lettres en 1850, il songea un instant au barreau. Il acheta même un code et l'étudia.

Mais sur les conseils d'un médecin de son pays le docteur Gromier, de Coligny, il s'en tint là de ses premiers essais et se tourna du côté de la médecine.

Il eut bientôt conquis le diplôme de bachelier ès-sciences physiques et en novembre 1851 nous prenions ensemble notre première inscription à l'école de Lyon.

Je voudrais que le temps me permît d'évoquer devant vous les premières années du jeune étudiant; vous reconnaîtriez déjà le travailleur sérieux et obstiné, mais, en même temps, le camarade au caractère enjoué et ouvert, au cœur aimant et dévoué, tel enfin que vous l'avez connu plus tard. Les succès ne tardèrent pas à récompenser son travail.

A son premier concours en 1853, il était nommé interne des hôpitaux, et peu après, en attendant son entrée en fonctions, comme c'était alors l'usage, il partait pour Paris.

Il paya cher son acclimatement à la capitale, car il y fut bientôt atteint d'une fièvre typhoïde grave qui faillit lui coûter la vie [1]. Guéri, mais avec la mémoire très

---

[1] Admis dans la maison des frères de Saint-Jean-de-Dieu, il y reçut les soins d'un médecin, ancien élève du docteur Récamier,

altérée, il rentra dans sa famille et son année fut perdue pour ses études.

Pendant son internat, il devint l'élève de prédilection du docteur Valette, major de la Charité, qui se fit son protecteur et son conseiller et plus tard le poussa dans la voie des concours. Le maître se changea, par la suite, en ami, et l'élève en médecin de son protecteur.

Mais revenons à la fin de ses études. Il les couronna, le 1er décembre 1858, par une thèse remarquable soutenue devant la faculté de Paris, « sur le Traumatisme dans « l'accouchement comparé au traumatisme ordinaire, « suivi de la relation d'une épidémie de métro-péritonite « ayant régné dans la maternité de Lyon, dans le courant « de l'année 1858. »

Reçu docteur, riche déjà de savoir et d'espérances, mais pauvre d'argent, il s'installe au cœur de Lyon et commence résolûment cette lutte de travailleur infatigable qui veut se faire une place au soleil.

La voie escarpée qu'il faut gravir est celle des concours. Le premier qu'il tente est pour une place de médecin des hôpitaux en 1860. Son ambition n'allait alors pas au-delà ; mais son ancien maître qui le connaît en a une plus haute pour lui, et il lui montre le majorat comme le but à atteindre. Dès lors, il déploie une puissance de travail vraiment digne d'admiration. Pendant six ans, il est sur la brèche et donne à la citadelle quatre assauts successifs plus brillants les uns que les autres. Le dernier enfin, du 5 avril 1867, fut un éclatant triomphe et le fit nommer chirurgien-major de l'Hôtel-Dieu.

Pendant ces années de préparation et de rudes labeurs, il avait été successivement nommé : chef de clinique chirurgicale à l'Ecole de médecine de Lyon (1861 à 1865),

---

qui le traita par la méthode des bains tempérés, apprise à l'école de ce maître éminent, auteur de cette pratique.

chef des travaux anatomiques à la même Ecole (1865 à 1873), puis professeur suppléant hors cadre (1873) et bientôt après, professeur adjoint d'anatomie et de physiologie à l'Ecole et enfin professeur adjoint de pathologie externe à la Faculté.

Ses travaux scientifiques et toutes ses publications seraient trop longs à énumérer. Je ne mentionnerai ici que son œuvre maîtresse : « *Le Traité des sections nerveuses* » paru en 1873.

Ce livre, devenu classique, a ouvert à Létiévant les portes de la Société de chirurgie en 1877 et lui a valu un prix de l'Institut en 1874.

D'autres Sociétés savantes : *la Société des sciences médicales* et *la Société nationale de médecine de Lyon* avaient tenu à honneur, l'une et l'autre, de le posséder dans leur sein. Il fut même président de la première de 1876 à 1877.

Son passage au majorat de l'Hôtel-Dieu restera marqué par un fait d'une importance majeure et qui fixera son nom dans ses annales.

J'en emprunte le récit au discours du docteur Daniel Mollière, son élève et son successeur :

« Un Congrès scientifique réunissait à Lyon de nom-
« breux chirurgiens, venus de Paris, venus de tous les
« points de la France, venus même de l'étranger. Et ce
« Congrès condamnait l'Hôtel-Dieu comme insalubre et
« déclarait solennellement que toute amélioration était
« inutile, que toute modification dans son aménagement
« intérieur resterait stérile. » Seul, il osa opposer à ces opinions si autorisées, à l'avis même de l'administration hospitalière, une opinion différente, et quelques mois plus tard il la formulait hautement dans son discours d'installation au majorat de l'Hôtel-Dieu.

Les pansements de Lister étaient encore, sinon inconnus, du moins inappliqués en France. Il partit pour Londres et alla les étudier à leur source; puis, apôtre convaincu, il revint les installer dans son service. Quoique appliqués avec des matériaux incomplets — les seuls qu'il pût obtenir — ils donnèrent néanmoins des résultats si merveilleux, si inattendus, que l'année suivante, leur cause était gagnée, la méthode antiseptique triomphante et l'Hôtel-Dieu absout de sa condamnation. C'est donc grâce à lui, grâce à son initiative généreuse et opiniâtre que, dans ces immenses salles de l'Hôtel-Dieu où la mortalité était si grande, elle est descendue à un minimum inconnu jusqu'alors et que la chirurgie lyonnaise a eu l'honneur d'appliquer la première et de faire adopter en France ces procédés si supérieurs aux errements anciens.

Lors de la création de la Faculté de Lyon, une question importante touchant à l'existence du majorat fut portée et agitée au sein de l'administration. Une sorte de lutte avait été organisée contre cette institution ; sa suppression même était presque résolue. Toutefois avant de la juger définitivement, les majors anciens et en exercice durent être entendus.

Dans cette assemblée, Létiévant se prononça énergiquement pour son maintien. Il démontra d'une façon victorieuse, la supériorité de l'ancien système sur le mode nouveau, dit de « *Roulement* », soit au point de vue de l'intérêt des malades, — le premier en cause — soit même au point de vue purement scientifique.

Sa thèse fut reconnue vraie et prévalut : grâce donc toujours à ses efforts, le majorat fut conservé.

Je vous lasserais, Messieurs, à vouloir vous mentionner encore les innovations ou modifications de chirurgie opératoire qu'il a réalisées durant sa pratique hospitalière. Cependant il est une opération due à son initiative qui mérite d'être citée.

Un malade opéré par l'empyème mourait d'une hémorrhagie pleurale rebelle. Il lui excisa trois côtes pour atteindre la source de l'écoulement sanguin, il le tamponna et le guérit. Cette opération hardie, répétée plus tard par un chirurgien allemand, était discutée à la Société de chirurgie sous le nom d'Estlander, ce second opérateur. Sur une note rectificative de notre confrère, le docteur Monod porta sa réclamation à la tribune de la Société, établit sa priorité et lui fit rendre le nom de Létiévant, qu'elle doit porter.

Les bulletins des sociétés savantes et des congrès médicaux sont pleins des communications nouvelles et originales qu'il leur adressait chaque année. Car jamais vie plus occupée et plus ardente au travail que la sienne : Service hospitalier considérable, clientèle étendue, cours professés au lit du malade ou à l'école, travaux originaux, il suffisait à tout ; et cette activité dévorante, il l'a gardée depuis ses débuts jusqu'à son dernier jour. Aussi, il faut bien l'avouer, elle a abrégé sa vie.

Nature généreuse et ardente au devoir, il n'a pas su mesurer ses forces et les a données, sans compter, sans répit, à tout venant, à tout ce qui sollicitait son cœur ou son intelligence. Qui pourra jamais dire qu'il a essuyé un refus de sa part ? Qui reçut jamais de lui, je ne dirai pas une offense, mais même un mauvais accueil ? Toujours souriante et gaie, l'expression de sa bonne figure était bien l'image de son excellent cœur, de cette nature parfaite qui ne connut jamais que des amis. Interrogez malades, clients, collègues, confrères ; demandez aux élèves surtout s'ils l'adoraient. Ils ont répondu assez haut quand ils l'ont perdu et ils se souviendront longtemps de lui.

Ce n'était pas cependant un chercheur de popularité, mais une nature droite, loyale, indépendante, avide seulement du vrai, du beau et du bien. Son plus brillant élève qui fut aussi un de ses meilleurs amis, l'a défini de ces deux mots tirés de l'Apocalypse : « *Fidelis et verax.* » Permettez-moi d'en ajouter un autre tiré de l'Evangile, qui dépeint son cœur comme les premiers définissent son caractère : « *Beati mites, quoniam ipsi possidebunt terram.* » Douceur et bonté étaient bien en effet, les qualités dominantes qui lui attiraient tous les cœurs.

Vous rappellerai-je encore ce dévouement affectueux qu'il gardait à tout ce qui touchait à son pays, à ses compatriotes ; et celà, malgré les occupations si nombreuses qui encombraient sa vie et en absorbaient tous les instants ? Il nous en a donné des preuves en venant avec un empressement cordial à nos réunions générales ou particulières. C'est là que vous avec pu apprécier — vous à qui il était moins connu — cette simplicité affable et familière qui le rendait accessible à tout le monde. Quelqu'un avait-il un conseil à demander, un diagnostic difficile à établir ? Avec quelle bonne volonté et bonne grâce il s'y prêtait !

Nos travaux, nos soins l'intéressaient vivement. Son âme s'échauffait au contact de nos préoccupations scientifiques et professionnelles ; et vous avez vu ses efforts réitérés pour créer au milieu de nous une Société d'émulation au travail qu'il aurait voulu voir recueillir et colliger les fruits de nos observations quotidiennes et de notre expérience. Il n'a pas dépendu de sa bonne volonté que les résultats de son entreprise ne fussent meilleurs et plus durables. Espérons qu'un jour ces germes déposés par sa main reprendront vie en s'animant encore du souffle puissant de son souvenir.

Tel fut l'homme public, le savant, le praticien distingué. Voulez-vous savoir maintenant ce qu'était ce même homme vu de près, dans l'intimité de son cabinet, par exemple ?... Interrogez ses malades pauvres auxquels il fut aussi accessible qu'aux riches. Plus d'un vous dira qu'en sortant de chez lui, il emporta dans sa main le prix des remèdes conseillés et même un supplément de secours. Quant aux riches, ils vous diront tous, qu'après l'avoir désintéressé, ils restèrent ses obligés et ses amis. Aussi étaient-ils nombreux ces nouveaux amis.... à rendre jaloux les anciens, ceux des premiers jours, qui jamais cependant n'eurent à lui reprocher le moindre oubli du cœur, le plus petit détournement d'affection... Aussi, Messieurs, quelle douleur, quels regrets à sa brusque disparition !!! Tous ceux qui l'ont connu et aimé me comprennent et mêlent leurs larmes aux miennes.....

Depuis longtemps déjà il était menacé, ce pauvre ami... En 1880, un premier avertissement, une congestion cérébrale sérieuse l'arrêta quelques jours. Son médecin et ami lui conseilla de renoncer à la vie isolée qu'il avait adoptée et l'engagea à se créer une famille.

Telle fut la cause de son mariage.

Il y trouva les soins et le bonheur domestique qui lui avaient manqué jusqu'alors et dont il se plaisait à nous parler.

Mais il ne sut pas sacrifier une part des trop nombreuses occupations auxquelles il avait suffi pendant longtemps ; il ne sut pas donner à son cerveau, à son organisme le répit qui lui était nécessaire. L'arc trop tendu se rompit.

En janvier dernier, un affaissement subit de ses forces lui fit quitter brusquement Lyon pour le Midi, où il alla chercher du soleil et du calme. Il commençait à renaître sous ses bienfaisantes influences, quand il se crut obligé de rentrer.

Le mieux obtenu dura peu.

Il avait constaté un peu d'albumine dans ses urines. Cette vue le découragea ; il se considéra comme perdu. C'est l'aveu qu'il me fit, la dernière fois que je le vis, le 19 mai. Je le remontai de mon mieux, et il serait reparti, comme je l'engageais à le faire, si le temps ne fût devenu trop mauvais. Il n'attendait que le retour d'un rayon de soleil,... quand, le 7 juin, dans sa maison de campagne, près de Saint-Cyr, il fut foudroyé par une hémorrhagie cérébrale.

Frappé à quatre heures du soir, il expirait à onze heures, après avoir eu le temps cependant de se reconnaître et de recevoir les secours religieux.

Et voilà que le temps est fini pour lui !!! Et pour nous que reste-il ?

Le souvenir d'un passé rempli, de nos jeunes années, de nos affections, que ma plume, mal assurée, a cherché à condenser et à faire revivre sous vos yeux.

Pour les jeunes, pour ceux qui débutent dans la carrière par lui parcourue, l'exemple mâle et fortifiant du travail, de ce labeur opiniâtre qui surmonte tous les obstacles et que le latin traduit par cet adage : « *Labor improbus omnia vincit.* »